総本山第六十八世御法主日如上人猊下

御指南集三十一

―― 目　次 ――

凡例

一、本書は『大日蓮』誌の令和四年四月号から同年十月号までに掲載された、総本山第六十八世御法主日如上人猊下の御指南を抄録したものである。

一、各項の題は編集者がつけた。また読者の便宜のため、ルビ等を加筆した。

一、各項末には、御指南がなされた行事名と、『大日蓮』の掲載号およびページ数を記した。

一、本書に使用した略称は次のとおり。

御　書 ― 平成新編日蓮大聖人御書（大石寺版）

① 今こそ 折伏《しゃくぶく》の時

本年「報恩躍進《やくしん》の年」は、記念局の本年度のポスターに「今こそ 折伏《しゃくぶく》の時」と明示されているように、私ども一人ひとりが断固たる決意と勇気を持って立ち上がり、一天広布《こうふ》へ向けて全力を傾注《けいちゅう》して折伏を行じ、御奉公の誠《まこと》を尽《つ》くしていかなければなりません。

特に今、新型コロナウイルス感染症が世界的に蔓延《まんえん》している時、私どもは改めて大聖人様の『立正安国論《りっしょうあんこくろん》』の御聖意《しょうい》を拝し、一人ひとりが身軽法重《しんきょうほうじゅう》・死身弘法《ししんぐほう》の御聖訓《せいくん》を胸に、決然として折伏を行じ、この難局を乗り越えていかなければなりません。

大聖人様は『立正安国論』に、

「倩《つらつら》微管《びかん》を傾け聊《いささか》経文を披《ひら》きたるに、世皆正《みなしょう》に背《そむ》き人悉《ことごと》く悪に帰《き》す。故に善神国《くに》を捨てゝ相《あい》去り、聖人所《ところ》を辞して還《かえ》らず。是《ここ》を以《もっ》て魔《ま》来たり鬼《き》来たり、災《さい》起こり難《なん》起こる。言はずんばあるべからず。恐れずんばあるべからず」（御書二三四ジペー）

と仰せられ、今日《こんにち》の如《ごと》き惨状《さんじょう》は、まさしく「世皆正に背き人悉く悪に帰す」故であると仰せあそばされているのであります。

さらに、

「嗟呼《ああ》悲しいかな如来誠諦《にょらいじょうたい》の禁言《きんげん》に背くこと。哀《あわ》れなるかな愚侶《ぐりょ》迷惑の麁語《そご》に随《したが》ふこと。早く天下の静謐《せいひつ》を思はゞ須《すべから》く国中の謗法《ほうぼう》を断《た》つべし」（同二四七ジペー）

と仰せられ、今日の如き難局を乗りきるためには、不幸の根源たる謗法を破《は》折《しゃく》し、一人でも多くの人に妙法を下種《げしゅ》して、破邪顕正《はじゃけんしょう》の折伏を行じていくことが最も肝要《かんよう》であると仰せであります。

〔三月度広布唱題会・令和四年四月号27ジペー〕

② 逆縁の功徳《くどく》

『教機時国抄』には、

「謗法《ほうぼう》の者に向かっては一向《いっこう》に法華経《ほけきょう》を説くべし。毒鼓《どっく》の縁と成《な》さんが為《ため》なり。例せば不軽菩薩《ふきょうぼさつ》の如《ごと》し」（御書二七〇ジペー）

と仰せられているのであります。

「毒鼓の縁」とは、既《すで》に皆様も承知のように、涅槃経《ねはん》に説かれている話で、毒を塗《ぬ》った太鼓《たいこ》を打つと、その音を聞く者はすべて死ぬと言われており、仏教の教えは、たとえ法を信受せずに反対したとしても、やがて煩悩《ぼんのう》を断じて得道できることを毒鼓、つまり毒を塗った太鼓を打つことに譬《たと》えているのであります。

すなわち、謗法の衆生《しゅじょう》に妙法を説き聞かせることは、たとえその時は反対されたとしても、妙法に縁したことが因となり、やがて成仏《じょうぶつ》に至ることを言い、逆縁とも言うのであります。

すなわち、末法今時《まっぽうこんじ》では順縁の衆生はもとより、たとえ逆縁の衆生であっても、三大秘法の南無妙法蓮華経を説き聞かせることによって、正法《しょうぼう》と縁を結ばせ、将来、必ず救済することができることを言うのであります。

また「不軽菩薩」については、これも既に皆様もよく御承知のことと思いますが、威音王仏《いおんのう》の滅後、像法《ぞうぼう》時代に出現し、一切衆生に仏性《ぶっしょう》があるとして「二十四字の法華経」を説いて、衆生を礼拝《らいはい》し軽《かろ》んじなかったので不軽菩薩と言われたのであります。しかし、人々は不軽菩薩を軽蔑《けいべつ》し、杖木瓦石《じょうもくがしゃく》をもって迫害しましたが、それでも不軽菩薩は礼拝行をやめなかったのであります。この時、不軽菩薩を軽んじた人々は、一度は地獄《じごく》に堕《お》ちましたが、法華経を聞いた縁によって救われたのであります。釈尊はこの不軽菩薩の修行を通して、滅後の弘教《ぐきょう》の方軌《ほうき》と逆縁の功徳《くどく》を説かれているのであります。
されば、今日《こんにち》、邪義邪宗の謗法がはびこり、ために世情が混乱し、戦争、飢餓《きが》、疫病《えきびょう》、異常気象等によって様々な悪現象を現じている時、まさにこのような時こそ、我々は不軽菩薩の行いを軌範《きはん》として、一人でも多くの人々に妙法を下種《げしゅ》し、折伏《しゃくぶく》を行じていかなければならないのであります。

〔三月度広布唱題会・令和四年四月号28ジペー〕

③ 信心とは実践・体験

まさに「今こそ　折伏《しゃくぶく》の時」であります。

大聖人様は『一念三千法門』に、

「此《こ》の経は専《もっぱ》ら聞《もん》を以《もっ》て本と為《な》す。凡《およ》そ此の経は悪人・女人・二乗・闡提《せんだい》を簡《えら》ばず。故に皆成仏道《かいじょうぶつどう》とも云《い》ひ、又《また》平等大慧とも云ふ。善悪不《ふ》二《に》・邪正一如《じゃしょういちにょ》と聞く処《ところ》にやがて内証成仏す。故に即身成仏と申し、一生に証得するが故に一生妙覚と云ふ。義を知らざる人なれども唱ふれば唯《ただ》仏と仏と悦《よろこ》び給《たま》ふ。『我即歓喜諸仏亦然《がそくかんぎしょぶつやくねん》』云云《うんぬん》。百千合《あ》はせたる薬も口にのまざれば病《やまい》も愈《い》えず。蔵に宝を持《も》てども開く事を知らずしてかつ《餓》へ、懐《ふところ》に薬を持ちても飲まん事を知らずして死するが如《ごと》し」

（御書一一一〇㌻）

と仰せであります。

信心とは、すなわち実践であり、体験であります。

どうぞ皆様方には、この御金言《きんげん》を拝し、いよいよ信心強盛《ごうじょう》に自行化他《けた》の信心に励み、一生成仏の境界《きょうがい》を築かれますよう心から願い、本日の挨拶といたします。

〔三月度広布唱題会・令和四年四月号30㌻〕

④ 魔《ま》競《きそ》はずば正法《しょうぼう》と知るべからず

大聖人は『兄弟抄』に、

「魔《ま》競《きそ》はずば正法《しょうぼう》と知るべからず。第五の巻に云《い》はく『行解《ぎょうげ》既《すで》に勤めぬれば三障四魔《さんしょうしま》紛然《ふんぜん》として競ひ起こる、乃至《ないし》随《したが》ふべからず畏《おそ》るべからず。之《これ》に随へば将《まさ》に人をして悪道に向かはしむ、之を畏れば正法を修することを妨《さまた》ぐ』等云云《うんぬん》。此《こ》の釈は日蓮が身に当たるのみならず、門家の明鏡なり。謹《つつし》んで習ひ伝へて未来の資糧とせよ」（御書九八六ジペー）

と仰せであります。

この御金言《きんげん》を拝する時、我々が妙法広布《こうふ》に挺身《ていしん》していけば、三障四魔が紛然として競い起こることは必定《ひつじょう》であります。まさしく「魔競はずば正法と知るべからず」であります。

しかし、いかなる障魔も正法正義に基づく強盛《ごうじょう》なる信心の前には退散し、必ず諸難を乗り越えることができるのであります。

〔富士学林大学科卒業式・令和四年四月号33ジペー〕

⑤ 信行学は仏道修行の基本中の基本

大聖人様は『諸法実相抄』のなかに、

「行学の二道をはげみ候《そうろう》べし。行学た《絶》へなば仏法はあるべからず。我もいたし人をも教化《きょうけ》候《そうら》へ。行学は信心よりをこるべく候。力あらば一文一《いちもんいっ》句《く》なりともかたらせ給《たま》ふべし」（御書六六八㌻）

と仰せであります。この信行学は仏道修行の基本中の基本であります。

まず「信」とは申すまでもなく、本門戒壇《かいだん》の大御本尊様に絶対の信を持って、清浄《しょうじょう》な心で疑いを交えず、信ずることであります。つまり無疑曰信《わっしん》、疑いなきを信と言う、この信であります。

次に「行」とは、仏様の教えを正しく守り、具体的に実践することであります。

そして「学」とは、仏様の教えを正しく学び、正しく理解することであります。

すなわち、仏道修行は信を第一に、行学の二道に励み、一天四海本因妙広《ほんにんみょうこう》宣流布《せんるふ》を目指して、一生懸命に精進《しょうじん》することを言います。

〔総本山大坊在勤式・令和四年五月号47ジペー〕

⑥ 妙法広布《こうふ》への道を切り開いていく

大聖人様は『持妙法華問答抄《じみょうほっけもんどうしょう》』に、

「寂光《じゃっこう》の都《みやこ》ならずば、何《いづ》くも皆《みな》苦なるべし。本覚《ほんがく》の栖《すみか》を離れて何事か楽しみなるべき。願はくは『現世安穏後生善処《げんぜあんのんごしょうぜんしょ》』の妙法を持《たも》つのみこそ、只今生《ただこんじょう》の名聞《みょうもん》後世の弄引《ろういん》なるべけれ。須《すべか》らく心を一にして南無妙法蓮華経と我も唱へ、他をも勧《すす》めんのみこそ、今生人界《にんがい》の思出《おもいで》なるべき」

(御書三〇〇ジー)

と仰せであります。

まさしく、今日《こんにち》の混沌《こんとん》とした状況を見る時、この難局を乗り越えていくためには、一人でも多くの人が末法《まっぽう》の御本仏宗祖日蓮大聖人の仏法に帰依《きえ》し、もって妙法信受の功徳《くどく》を体現していくことが肝要《かんよう》であります。

そのために私どもは、講中一同が身軽法重《しんきょうほうじゅう》・死身弘法《ししんぐほう》の御聖訓《せいくん》を拝し、志を一つにして立ち上がり、異体同心して折伏《しゃくぶく》を行じ、妙法広布《こうふ》への道を切り開いていくことが、必要不可欠であります。

混沌とした末法今日の世の中を救えるのは、唯一、末法の御本仏宗祖日蓮大聖人の仏法以外にないことは、本宗僧俗であれば、だれもが知っていることであります。

しかしながら、知っているだけでは理の信心であって、自行化他《けた》の信心から言えば、片寄った信心となり、大聖人様の御意《ぎょい》にかなう信心とは言えません。


〔四月度広布唱題会・令和四年五月号51ジペー〕

⑦ 法自《おの》づから弘《ひろ》まらず

信心とは実践であり、観念だけでは成仏《じょうぶつ》いたしません。特に、自行化他《けた》の信心において折伏《しゃくぶく》を忘れた信心は、大聖人様の御正意《しょうい》にかなう信心とは言えません。

されば『百六箇《か》抄』には、

「法自《おの》づから弘《ひろ》まらず、人、法を弘むるが故に人法ともに尊《たっと》し」

（御書一六八七㌻）

と仰せであります。

私どもは、謗法《ほうぼう》の害毒によって苦悩に喘《あえ》ぐ多くの人々に謗法の恐ろしさを教え、正しい大聖人様の仏法によらなければ真の幸せを築くことができないことを、一人でも多くの人に伝えていかなければならない大事な使命があることを忘れてはなりません。

〔四月度広布唱題会・令和四年五月号52ジペー〕

⑧　勇躍《ゆうやく》として折伏《しゃくぶく》を

大聖人様は『法華初心成仏抄《ほっけしょしんじょうぶつしょう》』に、

「元より末法《まっぽう》の世には、無智の人に機に叶《かな》ひ叶はざるを顧《かえり》みず、但強《ただし》ひて法華経《ほけきょう》の五字の名号《みょうごう》を説いて持《たも》たすべきなり」（御書一三一五㌻）

と仰せであります。

すなわち、折伏《しゃくぶく》はたとえ相手がいかなる境界《きょうがい》の人であろうが、またいかなる障魔《しょうま》が競《きそ》い起きようが、広大無辺なる大御本尊様への絶対の確信のもと、慈悲と忍辱《にんにく》と「一心欲見仏《いっしんよっけんぶつ》　不自惜身命《ふじしゃくしんみょう》」の決意を持《も》って、勇躍《ゆうやく》として折伏を行じていくことが肝要《かんよう》であります。

〈四月度広布唱題会・令和四年五月号53㌻〉

⑨ 確信あるひとことが相手の心を動かす

『持妙法華問答抄《じみょうほっけもんどうしょう》』には、

「持《たも》つ処《ところ》の御経の諸経に勝《すぐ》れてましませば、能《よ》く持つ人も亦《また》諸人にまされり。爰《ここ》を以《もっ》て経に云《い》はく『能く是《こ》の経を持つ者は一切衆生《しゅじょう》の中に於《おい》て亦為《こ》れ第一なり』と説き給《たま》へり。大聖の金言《きんげん》疑ひなし（中略）されば持たるゝ法だに第一ならば、持つ人随《したが》って第一なるべし」

（御書二九七ジペー）

と仰せであります。

一閻浮提《いちえんぶだい》第一の御本尊を持つ者こそ、一切衆生のなかにおいて第一の者であると仰せられているのであります。一切衆生のなかにおいて第一の者であれば、折伏《しゃくぶく》に当たっても、我らは断固たる確信を持って、勇躍《ゆうやく》として折伏を行じていくことが肝要《かんよう》であります。

私どもの自信に満ちた、確信あるひとことが、相手の心を動かすのであります。

されば、私どもには一閻浮提第一の本門戒壇《かいだん》の大御本尊様がましますことを心肝《しんかん》に染め、たとえいかなる障魔《しょうま》が惹起《じゃっき》しようとも恐れることなく、一意専心、折伏に励むところに必ず大御本尊様の御照覧があることを確信し、講中一結・異体同心して折伏に励んでいくことが今、最も大事であります。

〔四月度広布唱題会・令和四年五月号53ページ〕

⑩ 努力を続けていくことが大事

「善も積まざれば、以《もっ》て名を成《な》すに足《た》らず」

という言葉があります。どんな善《よ》いことでも、わずかな善だけでは何事も成しえません。善はそれを積み重ねていった時に、初めて名を成すことができるのであります。そして、そのための努力を続けていくことが最も大事なのであります。

大聖人は『四条金吾殿御返事』に、

「此《こ》の経をき《聞》ゝう《受》くる人は多し。まことに聞き受くる如《ごと》くに大難《だいなん》来たれども『憶持不忘《おくじふもう》』の人は希《まれ》なるなり。受くるはやす《易》く、持《たも》つはかた《難》し。さる間成仏《じょうぶつ》は持つにあり。此の経を持たん人は難に値《あ》ふべしと心得て持

つなり」（御書七七五ジペー）

と仰せであります。

「憶持不忘」とは、正法《しょうぼう》受持の意義を銘記《めいき》して、いかなる難にもたじろぐことない信仰姿勢を貫くことであり、特に五濁《ごじょく》乱漫とした末法今時《まっぽうこんじ》の仏道修行においては極めて大事なことであります。

すなわち、

「魔競《まきそ》はずば正法と知るべからず」（同九八六ジペー）

との御聖訓《せいくん》を胸に、断固たる決意をもってその魔を打ち破り、乗り越えていくところに、必ず未来が大きく開かれてくるのでありますから、どんなに苦しくてもけっして弱音《よわね》を吐《は》かず、退《しりぞ》くことなく、決然として障魔《しょうま》に立ち向かっていくことが最も大事であります。

〔富士学林大学科入学ならびに開講式・令和四年六月号17ジペー〕

⑪ 折伏《しゃくぶく》をすれば、折伏はできる

今、五濁《ごじょく》悪世の末法《まっぽう》の世相そのままの姿を映し出している混沌《こんとん》とした様相を見る時、私どもは折伏《しゃくぶく》がいかに大事であるかを改めて認識し、講中一結・異体同心して勇猛果敢《ゆうもうかかん》に折伏を行じていかなければなりません。

しかるに、全国的に今日《こんにち》までの折伏状況を見ますと、まことに残念ながらけっして満足するものではありません。

折伏は一切衆生救済《しゅじょう》の最高・最善の方途《ほうと》であり、一天広布《こうふ》を目指す我々にとって絶対に欠かすことができない、最も大事なことであります。

もし、いまだ折伏が思うように進んでいない支部は、講中幹部としっかりと打ち合わせをし、僧俗一致の体勢を構築して、勇気を持って折伏に打って出てもらいたいと思います。

昔、ある方が「折伏は、折伏をすれば、折伏はできる。折伏ができないのは、折伏をしていないからだ」と言っておりました。このなかには御存じの方もいると思いますが、まさにその通りでありまして、折伏ができないのは、折伏をしていないからであります。低迷を脱却《だっきゃく》するためには、何しろ動くことであり、実際に折伏を行ずることであります。

さらに、御先師日顕上人は「動けば智慧《ちえ》が涌《わ》く」と御指南《しなん》あそばされています。折伏は理屈ではなく、実践であります。動けば、すなわち折伏を行じていけば、おのずとそのための智慧が涌いてくるとの御指南であります。

されば、私どもはこの御指南を拝し、何しろ動く、何しろ折伏を行ずることが第一であり、先決であることを確認し、折伏に打って出るようにしていただきたいと思います。

〔全国宗務支院長会議・令和四年六月号20ジペー〕

⑫ 人の心は移ろいやすい

『聖愚問答抄《しょうぐもんどうしょう》』を拝しますと、

「人の心は水の器にしたがふが如《ごと》く、物の性《しょう》は月の波に動くに似たり。故に汝《なんじ》当座は信ずといふとも後日は必ず翻《ひるが》へさん。魔《ま》来たり鬼《き》来たるとも騒乱《そうらん》する事なかれ。夫《それ》天魔は仏法をにくむ、外道《げどう》は内道をきらふ。されば猪《い》の金山《こんぜん》を摺《す》り、衆流《しゅる》の海に入《い》り、薪《たきぎ》の火を盛《さか》んになし、風の求羅《ぐら》をます《増》が如くせば、豈《あに》好《よ》き事にあらずや」（御書四〇九ジペー）

と仰せであります。

そもそも人の心というものは、水の器に従うが如く、移ろいやすく、変わりやすいのであります。したがって、初めは固く決意をしていても、途中で思わぬ障魔《しょうま》に紛動《ふんどう》されて、目的を達成せずに終わることがよくあります。

まさにこの御文は、こうした障魔に誑《たぶら》かされず、不退転《たいてん》の信心を貫くように御教示あそばされているのであります。すなわち「猪と金山」「衆流と海」「薪と火」「風と求羅」の譬《たと》えを用《もち》いられて、いかなる障魔が競《きそ》い起ころうとも固い決意をもって、いよいよ信心を強盛《ごうじょう》にしていくように諭《さと》されているのであります。

「猪の金山を摺り」とは、猪《いのしし》が金山《きんざん》の光っているのを見て憎《にく》み、身体をこすりつけてその輝きを消そうとしますが、身体をこすりつければつけるほど、かえって金山は輝きを増すように。「衆流の海に入り」とは、多くの川の水の如き大難《だいなん》が、海の如き法華経《ほけきょう》の行者に競い起こるように。「薪の火を盛んになし」とは、火に薪を加えることによって火の勢いがますます盛んになるように。「風の求羅をます《増》」とは、迦羅《から》求羅という虫は身体は微細でありますが、ひとたび風を得れば、その身体は大きくなると言われているように、障魔が競い起きることが、かえって信心を高めていく機縁になると仰せられているのであります。

されば『四条金吾殿御返事』には、

「法華経の行者は火とぐら《求羅》との如し。薪と風とは大難の如し。法華経の行者は久遠《くおん》長寿の如来《にょらい》なり。修行の枝をきら《切》れまげ《曲》られん事疑ひなかるべし。此《これ》より後は『此経難持《しきょうなんじ》』の四字を暫時《ざんじ》もわす《忘》れず案じ給《たま》ふべし」

（同七七六ページ）

と仰せられているのであります。

すなわち、法華経の行者は、信心が進めば様々な難に値《あ》うことは必定《ひつじょう》であります。しかし、障魔が競い起こることによって、かえって信心を強盛にしていく絶好の転機になると仰せられているのであります。つまり、たとえいかに不退転の決意を固めていても、いざ現実に障魔が競い起これば、動転して驚き慌《あわ》てる人が多いのであり、それを乗りきるためには強盛な信心を貫き通す以外にないことを、先程の四つの譬えをもって教えられているのであります。

〔五月度広布唱題会・令和四年六月号25ページ〕

⑬ 魔《ま》が競《きそ》い起きた時こそ、信心決定《けつじょう》の機会

本年、宗門は「今こそ　折伏《しゃくぶく》の時」の標語のもとに、僧俗一致して前進をしておりますが、その行く手にはあらゆる障魔《しょうま》が競《きそ》い起こることは必定《ひつじょう》であります。しかし、ただいまの御教示の如《ごと》く、魔が競い起きた時こそ、信心決定《けつじょう》の絶好の機会と捉《とら》え、一人ひとりが妙法受持の大功徳《くどく》を確信して、決然と魔と対決し、粉砕《ふんさい》していくことが大事であります。

所詮、いかなる魔も仏様には絶対に勝てないのでありますから、大御本尊様への絶対信をもって、いよいよ信心強盛《ごうじょう》に唱題に励み、折伏を行じ、御宝《ほう》前《ぜん》にお誓い申し上げました本年度の折伏誓願を必ず達成されますよう心からお祈り申し上げ、本日の挨拶といたします。

〔五月度広布唱題会・令和四年六月号27ジペー〕

⑭ 法華経《ほけきょう》に縁することが大事

『唱法華題目抄《しょうほっけだいもくしょう》』を拝しますと、

「末代《まつだい》には善無《な》き者は多く善有《あ》る者は少なし。故に悪道に堕《だ》せん事疑ひ無し。同じくは法華経《ほけきょう》を強《し》ひて説き聞かせて毒鼓《どっく》の縁と成すべきか。然《しか》れば法華経を説いて謗縁《ぼうえん》を結ぶべき時節なる事諍《あらそ》ひ無き者をや」

（御書二三一《ペー》《ジ》）

と仰せであります。

この御文は、今時末法《こんじまっぽう》の本未有善《うぜん》の衆生《しゅじょう》に対しては、強いて妙法を説き聞かせて「毒鼓の縁」を結ばせるべきである。すなわち「謗縁」を結ばせる時であると仰せられているのであります。

この「毒鼓の縁」とは、既《すで》に皆様も御承知の通り、毒を塗《ぬ》った太鼓《たいこ》をたたくと、その音は聞こうとしない者の耳にも届き、聞いた者は皆、死ぬと言われています。これは、謗法《ほうぼう》の衆生に対して法華経を説き聞かせることは、たとえ相手が聞こうとする気がなくとも、これを耳にすれば法華経に縁することとなり、成仏《じょうぶつ》の因となって、やがて成仏得道できることを毒鼓、毒を塗った太鼓に譬《たと》えているのであります。

また「謗縁」も逆縁と同じ意味でありまして、法華経をいったんは誹謗《ひぼう》しても、その縁によって、ついには法華経によって成仏できることを言うのであります。

大聖人様は『上野殿御返事』に、

「天竺《てんじく》に嫉妬《しっと》の女人あり。男をにくむ故に、家内の物をことごとく打ちやぶり、其《そ》の上にあまりの腹立《はらだち》にや、すがたけしき《姿気色》かわり、眼《まなこ》は日月の光のごとくかがやき、くちは炎をはくがごとし。すがたは青鬼・赤鬼のごとくにて、年来男《としごろ》のよみ奉る法華経の第五の巻をとり、両の足にてさむ《散》ざむ《散》にふみける。其《そ》の後命つきて地獄《じごく》にをつ《堕》。両の足ばかり地獄にいらず《入》。獄卒鉄杖《てつじょう》をもってうて《打》どもいらず。是《これ》は法華経をふみし逆縁の功徳《くどく》による」（同一三五八㌻）

と仰せであります。

すなわち、これは法華経を両足で踏みつけたことが逆縁となって、両足だけが地獄に堕《お》ちなかったという話であります。つまり、成仏得道のためには、たとえ逆縁であっても法華経に縁することが、いかに大事であるかを教えているのであります。

〔六月度広布唱題会・令和四年七月号24㌻〕

⑮ とにかく妙法を説く

大聖人様は『一念三千法門』に、

「妙法蓮華経と唱ふる時心性《しんしょう》の如来顕《にょらいあら》はる。耳にふれし類《たぐい》は無量阿僧祇《あそうぎ》劫《こう》の罪を滅す。一念も随喜する時即身成仏《じょうぶつ》す。縦《たと》ひ信ぜずとも種《しゅ》と成り熟と成り必ず之《これ》に依《よ》って成仏す。妙楽大師の云《い》はく『若《も》しは取《しゅ》若しは捨《しゃ》、耳に経《へ》て縁と成る、或《あるい》は順或は違、終《つい》に斯《これ》に因《よ》って脱す』云云《うんぬん》（中略）此《こ》の娑婆《しゃば》世界は耳根《にこん》得道の国なり」（御書一〇九ジペー）

と仰せであります。

「耳根得道」とは、仏法を聞いたことが縁となり、成仏得道することを言うのでありますが、私どもの折伏《しゃくぶく》もこれと同様、たとえ相手が私どもの話を拒《こば》み、耳を塞《ふさ》ぎ聞こうとせず、反対したとしても「縦ひ信ぜずとも種と成り熟と成り必ず之に依って成仏す」と仰せのように、妙法を聞いたことが因となり、縁となって、やがて成仏に導くことができるのであります。

されば『法華《ほっけ》初心成仏抄』には、

「とてもかくても法華経《ほけきょう》を強《し》ひて説き聞かすべし。信ぜん人は仏になるべし、謗《ぼう》ぜん者は毒鼓《どっく》の縁となって仏になるべきなり」

（同一三一六ジペー）

と仰せられ、謗法《ほうぼう》の者に対しては、とにかく妙法を説き、下種《げしゅ》していくことが大事であると教示されているのであります。

すなわち、今、末法《まっぽう》は謗法が充満し、ために多くの人々が知らず知らずのうちに悪縁に誑《たぶら》かされ、邪義邪宗の害毒によって不幸の境界《きょうがい》から脱することができずにいます。こうした人々を救済していくためには、正像過時《しょうぞうかじ》の如《ごと》き摂受《しょうじゅ》ではなくして、破邪顕正《はじゃけんしょう》の折伏をもってするのが最善の方途《ほうと》であり、折伏こそ末法《まっぽう》の一切衆生《しゅじょう》救済の最高の慈悲行であります。

なかんずく、昨今の新型コロナウイルス感染症による騒然《そうぜん》とした国内外の様相を仏法の鏡《かがみ》に照らして見る時、その根本原因は邪義邪宗の謗法の害毒にあることを知り、今こそ私どもは全力を傾注《けいちゅう》して、一人ひとりの幸せはもとより、全人類の幸せと全世界の平和実現のため、一天四海本因妙広宣流布《ほんにんみょうこうせんるふ》を目指して、破邪顕正の折伏を決然として実践していかなければなりません。

されば、皆様方には本年度の記念局のポスターに「今こそ　折伏の時」と記されていることをしっかりと心肝《しんかん》に染め、いよいよ講中一結・異体同心して、一切衆生救済の最善の方途たる折伏に立ち上がり、なんとしてでも御宝前《ほうぜん》にお誓い申し上げました折伏誓願を達成し、晴れて仏祖三宝尊《ぶっそさんぼうそん》の御照覧《しょうらん》を仰がれますよう心からお祈りし、本日の挨拶といたします。

〔六月度広布唱題会・令和四年七月号26ジペー〕

⑯ 自行化他《けた》にわたる正しい信心の姿

大聖人様は『南条兵衛《ひょうえ》七郎殿御書』に、

「いかなる大善をつくり、法華経《ほけきょう》を千万部書写し、一念三千の観道を得たる人なりとも、法華経のかたき《敵》をだにもせめ《責》ざれば得道ありがたし。たとへば朝《ちょう》につか《仕》ふる人の十年二十年の奉公あれども、君の敵をしり《知》ながら奏《そう》しもせず、私にもあだ《怨》まずば、奉公皆う《失》せて還《かえ》ってとが《咎》に行なはれんが如《ごと》し。当世の人々は謗法《ほうぼう》の者としろし《知》めすべし」

（御書三二二㌻）

と仰せであります。

この御文は、皆様もよく御承知の御指南《しなん》でありますが、私どもの信心において、いかに折伏《しゃくぶく》が大事であるか。邪義邪宗の謗法を折伏もせず、自分のためだけに信心しているのは、まさしく「法華経のかたきをだにもせめざれば得道ありがたし」と厳しく仰せのように、利己的信心に陥《おちい》りやすく、自行化《け》他《た》にわたる正しい信心の姿とは言えません。

されば『聖愚問答抄《しょうぐもんどうしょう》』には、

「今の世は濁世《じょくせ》なり、人の情もひがみゆがんで権教謗法《ごんきょうほうぼう》のみ多ければ正《しょう》法弘《ぼうひろ》まりがたし。此《こ》の時は読誦・書写の修行も観念・工夫・修練も無用なり。只《ただ》折伏を行じて力あらば威勢を以《もっ》て謗法をくだき、又《また》法門を以ても邪義を責《せ》めよとなり。取捨其《そ》の旨《むね》を得て一向《いっこう》に執《しゅう》する事なかれと書けり。今の世を見るに正法一純に弘まる国か、邪法の興盛《こうじょう》する国か勘《かん》がふべし」（同四〇三㌻）

と仰せられ、五濁乱漫《らんまん》とした末法今時《まっぽうこんじ》においては、破邪顕正《はじゃけんしょう》の折伏をもって正規とすることを明かされているのであります。

〔唱題行（七月一日）・令和四年八月号28㌻〕

⑰ 異体同心の団結こそが肝要《かんよう》

特に今日《こんにち》の如《ごと》き、謗法《ほうぼう》が国内外に充満し、混沌《こんとん》とした様相を呈《てい》している時、私どもは一日も早く、また一人でも多くの人々に末法《まっぽう》の御本仏宗祖日蓮大聖人の本因下種《ほんにんげしゅ》の妙法を下種し、折伏《しゃくぶく》を行じ、もって一天広布《こうふ》を目指した戦いを果敢に展開していかなければなりません。

そのためには異体同心の団結こそ、肝要《かんよう》であります。

大聖人様は『異体同心事』に、

「異体同心なれば万事《ばんじ》を成《じょう》じ、同体異心なれば諸事叶《かな》ふ事なしと申す事は外典《げてん》三千余巻に定《さだ》まりて候《そうろう》。殷《いん》の紂《ちゅう》王は七十万騎《き》なれども同体異心なればいくさ《軍》にまけぬ。周の武王は八百人なれども異体同心なればかちぬ。一人の心なれども二つの心あれば、其《そ》の心たが違いて成ずる事なし。百人千人なれども一つ心なれば必ず事を成ず。日本国の人々は多人なれども、同体異心なれば諸事成ぜん事かたし。日蓮が一類は異体同心なれば、人々すくなく候《そうら》へども大事を成じて、一定法華経《いちじょうほけきょう》ひろまりなんと覚へ候」（御書一三八九ジペー）

と仰せであります。

されば、私どもは「日蓮が一類は異体同心なれば、人々すくなく候へども大事を成じて、一定法華経ひろまりなんと覚へ候」との御金言《きんげん》を拝し、一人ひとりがしっかりと唱題を行じ、その功徳《くどく》と歓喜をもって講中一結・異体同心して折伏に励み、もってそれぞれが地涌《じゆ》の菩薩《ぼさつ》の眷属《けんぞく》として妙法広布に精励されますよう心からお祈りし、本日の挨拶といたします。

〔唱題行（七月一日）・令和四年八月号29ジペー〕

⑱国を安《やす》んずる最善の方途《ほうと》

七月は宗祖日蓮大聖人様が宿屋左衛門《やどやさえもん》入道を介《かい》して、時の最高権力者・北条時頼《ときより》へ『立正安国論《りっしょうあんこくろん》』を上呈された月であります。

すなわち、大聖人様は正嘉《しょうか》元（一二五七）年八月二十三日の前代に超えたる大地震をはじめ、同二年八月一日の大風、同三年の大飢饉《ききん》、そして同じ年の正元《しょうげん》元（一二五九）年および同二年の大疫病《やくびょう》等遍《あまね》く天下に満ち、世上騒然《そうぜん》とした状況を深く憂《うれ》えられ、国土退廃《たいはい》の根本原因は邪義邪宗の謗法《ほうぼう》の害毒にあると断じて、もし邪義邪宗への帰依《きえ》をやめなければ、自界叛逆《ほんぎゃく》・他国侵逼《しんぴつ》の二難をはじめ、様々な難が必ず競《きそ》い起こると予言されたのであります。こうした災難を防《ふせ》ぐためには、

「汝《なんじ》早く信仰の寸心を改めて速《すみ》やかに実乗の一善に帰《き》せよ」

（御書二五〇ジー）

と仰せられて、安穏《あんのん》なる仏国土を実現するためには一刻も早く謗法の念慮《ねんりょ》を断《た》ち、「実乗の一善」に帰することであると諫《いさ》められているのであります。

「実乗の一善」とは、大聖人様の元意《がんい》は文上《もんじょう》の法華経《ほけきょう》ではなく、寿量品文《もん》底《てい》独一本門の妙法蓮華経のことであり、三大秘法の随一、大御本尊様のことであります。この大御本尊様に帰依することが、国を安《やす》んずる最善の方途《ほうと》であると仰せられているのであります。

〔七月度広布唱題会・令和四年八月号31ジー〕

⑲ 老若男女《ろうにゃくなんにょ》すべての人が立ち上がる

『立正安国論《りっしょうあんこくろん》』の対告衆《たいごうしゅ》は北条時頼《ときより》でありますが、実には一切衆生《しゅじょう》に与えられた諫言書《かんげんしょ》であります。また、予言の大要は自界叛逆難《ほんぎゃくなん》・他国侵逼難《しんぴつなん》の二難を示して、一往付文《ふもん》の辺は専《もっぱ》ら法然《ほうねん》の謗法《ほうぼう》を破折《はしゃく》しておりますが、再往元《がん》意《い》の辺は広く諸宗の謗法を破折しているのであります。

すなわち『立正安国論』は、一往付文の辺では、当時の為政者《いせいしゃ》に対する諫言書でありますが、再往元意の辺から拝せば、末法《まっぽう》の一切衆生に対し、自行の信心のみならず、化他《けた》行の折伏《しゃくぶく》を行じ、もって立正安国の実現を図るべきことを指南《しなん》あそばされた書であると言えるのであります。

今、宗門は僧俗一致の体勢を構築し、折伏誓願の達成を目指して総力を結集し、前進しております。そのためには、講中の老若男女《ろうにゃくなんにょ》すべての人が心を一つにして唱題に励み、その唱題の功徳《くどく》と歓喜をもって全員が立ち上がり、異体同心して一天広布《こうふ》を目指した戦いを展開し、破邪顕正《はじゃけんしょう》の折伏を行じていくことが最も肝要《かんよう》であります。

〔七月度広布唱題会・令和四年八月号33ジペー〕

⑳ 難《なん》を乗り越える信心

『御義口伝《おんぎくでん》』のなかに、

「妙法蓮華経を安楽に行ぜん事、末法《まっぽう》に於《おい》て今《いま》日蓮等の類《たぐい》の修行は、妙法蓮華経を修行するに難《なん》来たるを以《もっ》て安楽と意得《こころう》べきなり」

（御書一七六二㌻）

と仰せです。特にこの御文のなかで「難来たるを以て安楽と意得べきなり」との御指南《しなん》は、私達の信心の上において、身に染《し》みて拝すべき大事な御指南であります。

我々が広宣流布《こうせんるふ》の戦いをしていけば、この先、いかなることがあるか判りません。しかし、それを大御本尊様への絶対の信をもって乗りきっていくところに、私達の一生成仏《じょうぶつ》があるわけであります。したがって「難来たるを以て安楽と意得べきなり」と仰せられているのであります。

難に負けない、難を乗り越える信心こそ、今、私達にとっても、一番大事な信心の姿ではないかと思います。

〔要行寺本堂新築落慶法要・令和四年九月号27ジペー〕

㉑ いかなる障魔《しょうま》にも負けない自分を作る

己《おの》れ自身が常に信行学の三道にわたり、大聖人様の御聖意《しょうい》をしっかりと拝し、いかなる障魔《しょうま》にも紛動《ふんどう》されない強靭《きょうじん》な心身を作るため、厳しく錬磨《れんま》していくことが肝要《かんよう》であります。

大聖人様は『四条金吾殿御返事』に、

「きた《鍛》はぬかね《金》は、さかんなる火に入《い》るればと《疾》くとけ《蕩》候《そうろう》。氷をゆ《湯》に入《い》るゝがごとし。剣《つるぎ》なんどは大火に入るれども暫《しばら》くはとけず。是《これ》きたへる故なり」（御書一一七九㌻）

と仰せであります。

この御意《ぎょい》は、何回も焼きを入れて、鍛えに鍛えて作られた日本刀は、少しばかりの衝撃にはびくともしません。しかし、焼きの入れ方が足《た》りないと、いざという時には折れてしまい役に立ちません。我々の仏道修行も同じであります。

そもそも、修行とは心身を鍛《きた》えることでありますが、末法濁悪《まっぽうじょくあく》の世の中にあって、貪瞋癡《とんじんち》の三毒に犯《おか》されることなく、いかなる障魔にも負けることなく、毅然《きぜん》として妙法広布《こうふ》に邁進《まいしん》していくためには、己れ自身が確たる信念を持って、たくましく強くなければなりません。信心強盛《ごうじょう》にいかなる障魔にも負けない自分を、まず作ることが大事であります。

そしてそのためには、労力を惜《お》しまず信行学に励み、切磋琢磨《せっさたくま》していくことが大事でありますけれども、惰眠《だみん》を貪《むさぼ》っていたのでは絶対に我々は成長しません。そんな懈怠《けだい》のところに魔が入り、狂《くる》いを生ずることになるのであります。

しかし、魔は仏様には絶対に勝てないのでありますから、我々は自信をもって全力を傾注《けいちゅう》して妙法広布に前進していくことが肝要《かんよう》であります。

〔第六十八回行学講習会閉講式・令和四年九月号33ジペー〕

㉒ 誓願達成の秘訣《ひけつ》

今、宗門は僧俗挙げて、本年度の折伏《しゃくぶく》誓願の達成に向かって前進をしております。この時に当たりまして大事なことは、御金言《きんげん》に、

「異体同心なれば万事《ばんじ》を成《じょう》じ、同体異心なれば諸事叶《かな》ふ事なしと申す事は外典《げてん》三千余巻に定《さだ》まりて候《そうろう》。殷《いん》の紂《ちゅう》王は七十万騎《き》なれども同体異心なればいくさ《軍》にまけぬ。周の武王は八百人なれども異体同心なればかちぬ。一人の心なれども二つの心あれば、其《そ》の心たがい《違》て成ずる事なし。百人千人なれども一つ心なれば必ず事を成ず。日本国の人々は多人なれども、同体異心なれば諸事成ぜん事かたし。日蓮が一類は異体同心なれば、人々すくなく候《そうら》へども大事を成じて、一定法華経《いちじょうほけきょう》ひろまりなんと覚

へ候。悪は多けれども一善にかつ事なし」（御書一三八九㌻）

と仰せの通り、誓願達成の秘訣《ひけつ》は、まず僧俗一致・異体同心の団結であり、まさしく「異体同心なれば万事を成」ず、であります。

されば、お互いが励まし合い、異体同心の団結をしていくところに誓願達成の秘訣《ひけつ》があることを改めて認識し、互いに切磋琢磨《せっさたくま》し、御奉公に励むことが肝要《かんよう》であります。

〔第六十八回行学講習会閉講式・令和四年九月号34㌻〕

㉓ 信心決定《けつじょう》の絶好のチャンス

『聖愚問答抄《しょうぐもんどうしょう》』を拝しますと、

「人の心は水の器にしたがふが如《ごと》く、物の性《しょう》は月の波に動くに似たり。故に汝当座《なんじ》は信ずといふとも後日は必ず翻《ひるが》へさん。魔《ま》来たり鬼《き》来たるとも騒乱《そうらん》する事なかれ」（御書四〇九ページ）

と仰せであります。

すなわち、たとえ不退転《たいてん》の決意をもってことに当たるも、「人の心は水の器にしたがふが如く、物の性は月の波に動くに似たり」と厳しく御指摘されているように、移りやすきは人の心であります。

何事もない平穏な時には悠然《ゆうぜん》としていても、いざ現実に難が競《きそ》い起こり、障魔《しょうま》が蠢動《しゅんどう》すれば、驚き慌《あわ》てるのが人の常《つね》であります。

しかし、大聖人は「魔来たり鬼来たるとも騒乱する事なかれ」と仰せられて、むしろ魔が競い起きた時こそ、信心決定《けつじょう》の絶好のチャンスと捉《とら》え、臆《おく》することなく泰然《たいぜん》として対処するよう注意を喚起《かんき》あそばされているのであります。

〈八月度広布唱題会・令和四年九月号36ページ〉

㉔ 一日も早く下種折伏《げしゅしゃくぶく》を

『椎地《しいじ》四郎殿御書』には、

「大難《だいなん》来たりなば強盛《ごうじょう》の信心弥々《いよいよ》悦《よろこ》びをなすべし。火に薪《たきぎ》をくわ《加》へんにさ《盛》かんなる事なかるべしや。大海へ衆流《しゅる》入る、されども大海は河の水を返す事ありや。法華大海の行者に諸河《しょが》の水は大難の如《ごと》く入れども、かへす事とがむる事なし。諸河の水入る事なくば大海あるべからず。大難なくば法華経《ほけきょう》の行者にはあらじ」（御書一五五五ジペー）

と仰せられ、たとえいかなる大難が競《きそ》い起きようが、はたまた障魔《しょうま》が蠢動《しゅんどう》しようが、かくなる時こそ、一生成仏《じょうぶつ》への絶好のチャンスと捉《とら》え、なお一層、強盛なる信心に励んでいくところ、必ず解決の道が開かれてくると御指南《しなん》されているのであります。

　されば、私どもはこの御金言《きんげん》を拝し、改めて妙法信受の広大無辺なる功徳《くどく》を拝信し、講中一結・異体同心の団結をもって破邪顕正《はじゃけんしょう》の折伏《しゃくぶく》を行じ、もって誓願達成に向けて勇躍《ゆうやく》前進していくことが、今、最も大事であると知るべきであります。

　特に、今日《こんにち》の騒然《そうぜん》とした世相を見る時に、私どもは邪義邪宗の害毒によって塗炭《とたん》の苦しみに喘《あえ》ぐ多くの人々に、一日も早く一切衆生《しゅじょう》救済の秘法たる妙法を下種《げしゅ》し、折伏を行じていかなければならないと思います。

〔八月度広布唱題会・令和四年九月号37ジペー〕

㉕ 三度の高名《こうみょう》

『立正安国論《りっしょうあんこくろん》』は今を去《さ》る七百六十二年前、文応《ぶんおう》元（一二六〇）年七月十六日、宗祖日蓮大聖人御年《おんとし》三十九歳の時、宿屋左衛門《やどやさえもん》入道を介《かい》して時の最高権力者・北条時頼《ときより》に提出された、国主への諫暁《かんぎょう》書であります。

大聖人様は『撰時抄《せんじしょう》』に、

「外典《げてん》に云《い》はく、未萌《みぼう》をしるを聖人という。内典《ないでん》に云はく、三世を知るを聖人という。余《よ》に三度のかう《高》みやう《名》あり」（御書八六七㌻）

と仰せられ、御一代中に三度《みたび》、天下国家を諫暁あそばされましたが、その最初の国家諫暁の時に提出されたのが『立正安国論』であります。

ちなみに、二回目は同じく『撰時抄』に、

「二つには去《い》にし文永《ぶんねい》八年九月十二日申《さる》の時に平左衛門尉《へいのさえもんのじょう》に向かって云はく、日蓮は日本国の棟梁《とうりょう》なり。予《よ》を失ふは日本国の柱幢《はしら》を倒すなり」

（同ページ）

と仰せのように、文永八（一二七一）年九月十二日、竜口《たつのくち》の法難の直前に、平左衛門尉に対して諫暁された時であります。

三回目は、文永十一年四月八日、佐渡赦免《しゃめん》直後、再度、平左衛門尉に見参した時であります。その時、大聖人様は蒙古《もうこ》来襲の時期について尋ねられ、

「経文にはいつとはみ《見》へ候《そうら》はねども、天の御気色《みけしき》いかりすくなからず、きう《急》に見へて候《そうろう》。よも今年はすごし候はじ」（同ページ）

と「よも今年はすごし候はじ」、「今年中には襲ってくるであろう」と予言されたのであります。しこうして、この予言は同年十月の蒙古来襲、すなわち文永の役《えき》によって的中したのであります。

〔法華講連合会第五十八回総会・令和四年十月号15ページ〕

㉖「立正《りっしょう》」の正《しょう》とは三大秘法

『立正安国論《りっしょうあんこくろん》』の対告衆《たいごうしゅ》は北条時頼《ときより》であり、予言の大要は自界叛逆難《ほんぎゃくなん》・他国侵逼難《しんぴつなん》の二難でありますが、実には一切衆生《しゅじょう》に与えられた諫言書《かんげんしょ》であります。特に、

「如《し》かず彼《か》の万祈《ばんき》を修せんよりは此《こ》の一凶《いっきょう》を禁ぜんには」

(御書二四一ジペー)

と仰せのように、一往は専《もっぱ》ら法然《ほうねん》の謗法《ほうぼう》を破折《はしゃく》しておりますが、再往元意《がんい》の辺は広く諸宗の謗法を破折しておられるのであります。

したがって、一往は念仏破折であり、権実《ごんじつ》相対の上から破折されておりますが、「立正」の意義から拝せば、一重立ち入って、天台過時《かじ》の迹《しゃく》を破し、

法華本門を立てて正《しょう》とする故に本迹《ほんじゃく》相対となります。

さらにまた一歩深く立ち入って拝せば、久遠下種《くおんげしゅ》の正法《しょうぼう》、すなわち末法弘通《まっぽうぐずう》の三大秘法の妙法蓮華経を立てて、本果脱益《だっちゃく》の釈尊《しゃくそん》の法華経《ほけきょう》を破するが故に種脱《しゅだつ》相対となるのであります。つまり「立正」の「正」とは、三大秘法がその正体であります。

されば今日《こんにち》、末法濁悪《じょくあく》の世相をそのまま映し出している現状を見る時、今こそ私どもは、一人ひとりが立正安国の精神を拝信し、一天広布《こうふ》を目指して、敢然《かんぜん》として破邪顕正《はじゃけんしょう》の折伏《しゃくぶく》を行じていかなければならないことを肝《きも》に銘《めい》ずべきであります。

〔法華講連合会第五十八回総会・令和四年十月号18ジペー〕

㉗ 断固たる決意で破邪顕正《はじゃけんしょう》の折伏《しゃくぶく》を

大聖人様は『唱法華題目抄《しょうほっけだいもくしょう》』に、

「末代《まつだい》には善無《な》き者は多く善有《あ》る者は少なし。故に悪道に堕《だ》せん事疑ひ無し。同じくは法華経《ほけきょう》を強《し》ひて説き聞かせて毒鼓《どっく》の縁と成すべきか。然《しか》れば法華経を説いて謗縁《ぼうえん》を結ぶべき時節なる事諍《あらそ》ひ無き者をや」

（御書二三一ジペー）

と仰せであります。

この御文を拝する時、私どもは、まさしく今日《こんにち》の如《ごと》き新型コロナウイルス感染症によって世情騒然《そうぜん》としている現状を見て、一人ひとりが妙法広布《こうふ》の願いのもと、講中一結・異体同心して、決然として折伏《しゃくぶく》を行じていかなければならないのであります。

大聖人様は『南条兵衛《ひょうえ》七郎殿御書』に、

「いかなる大善をつくり、法華経を千万部書写し、一念三千の観道を得たる人なりとも、法華経のかたき《敵》をだにもせめ《責》ざれば得道ありがたし」

（同三二二㌻）

と仰せであります。

この御文を拝し、私どもは改めて正法《しょうぼう》正義を破壊しようとする邪義邪宗の謗法《ほうぼう》を見ながら知りながら、黙過《もっか》して折伏もしなければ成仏《じょうぶつ》は思いもよらないとの仰せをしっかりと受け止めていかなければなりません。

よって、私どもは一人ひとりが断固たる決意をもって、破邪顕正《はじゃけんしょう》の折伏を行じていくことが、自行化他《けた》にわたる信心を確立していく上で、いかに大事であるかを知るべきであります。

〔法華講連合会第五十八回総会・令和四年十月号19㌻〕

㉘悪を放置してはならない

所詮、いかなる場においても悪を放置しておけば、必ず内側から破壊してしまいます。謗法《ほうぼう》も同様、謗法に対して破折《はしゃく》もせず、そのまま放置しておくことほど恐ろしいことはありません。したがって、私どもは、大聖人様の仰せのままに謗法厳誡《げんかい》・折伏正規《しゃくぶく》の宗是《しゅうぜ》を厳守し、講中の一人ひとりがしっかりと折伏を行じていくことが、いかに大事なことであるかを知らなければなりません。

大聖人様は『如説修行抄《にょせつ》』に、

「末法《まっぽう》の始めの五百歳には純円一実の法華経《ほけきょう》のみ広宣流布《こうせんるふ》の時なり。此《こ》の時は闘諍堅固《とうじょうけんご》・白法隠没《びゃくほうおんもつ》の時と定《さだ》めて権実雑乱《ごんじつぞうらん》の砌《みぎり》なり。敵有《あ》る時は刀杖弓箭《とうじょうきゅうせん》を持《たも》つべし、敵無《な》き時は弓箭兵杖《ひょうじょう》なにかせん。今の時は権教《ごんきょう》即実教の敵と成る。一乗流布の代《よ》の時は権教有って敵と成る。まぎらはし《紛》くば実教より之《これ》を責《せ》むべし。是《これ》を摂折《しょうしゃく》の修行の中には法華《ほっけ》折伏と申すなり。天台云《い》はく『法華折伏破権門理《ごんもんり》』と、良《まこと》に故あるかな」
（御書六七二㌻）

と仰せであります。

今、宗門は僧俗一致・異体同心して、近くは本年度の折伏誓願の達成を目指し、遠くは一天四海皆帰《かいき》妙法を目指して力強く前進をしております。この時に当たり、私ども一人ひとりが御本仏宗祖日蓮大聖人様の弟子檀那《だんな》たることを自覚し、一心欲見仏《いっしんよっけんぶつ》・不自惜身命《ふじしゃくしんみょう》の御聖訓《せいくん》のままに、講中一結・異体同心して勇躍《ゆうやく》として大折伏戦を展開し、一天広布《こうふ》へ向けて前進していくことが、いかに大事であるかを知り、いよいよ御精進《しょうじん》されますよう心からお祈りし、本日の挨拶といたします。

〔法華講連合会第五十八回総会・令和四年十月号20㌻〕

㉙ 利己的な信心は成仏《じょうぶつ》を妨《さまた》げる

『曽谷《そや》殿御返事』を拝しますと、

「謗法《ほうぼう》を責《せ》めずして成仏《じょうぶつ》を願はゞ、火の中に水を求め、水の中に火を尋《たず》ぬるが如《ごと》くなるべし。はかなしはかなし」（御書一〇四〇㌻）

と仰せであります。

すなわち、謗法こそ堕地獄《だじごく》の根源、不幸の元凶《げんきょう》であります。したがって、その謗法を放置したまま折伏《しゃくぶく》もしなければ、どれほど成仏を願ったとしても、火の中に水を求め、水の中に火を求めるようなものであると仰せられているのであります。

まことに厳しい御指南《しなん》でありますが、私どもはこの御指南を拝し、真剣に折伏に取り組んでいかなければならないことを、しっかり肝《きも》に銘《めい》じておかなければなりません。

自分一人だけの幸せを求める信心、すなわち利己的な信心は、大聖人様がお示しあそばされた自行化他《けた》にわたる信心にはほど遠く、これではかえって成仏を妨《さまた》げることになるのであります。したがって私どもの信心にとって、謗法の害毒によって不幸に喘《あえ》ぐ多くの人々を救う折伏がいかに大事であるかを、一人ひとりがしっかりと知らなければなりません。

〔九月度広布唱題会・令和四年十月号22ジペー〕

㉚ 根気よく折伏《しゃくぶく》を

『法華《ほっけ》初心成仏抄《じょうぶつしょう》』には、

「当世《とうせい》の人何《なに》となくとも法華経《ほけきょう》に背《そむ》く失《とが》に依《よ》りて、地獄《じごく》に堕《お》ちん事疑ひなき故に、とてもかくても法華経を強《し》ひて説き聞かすべし。信ぜん人は仏になるべし、謗《ぼう》ぜん者は毒鼓《どっく》の縁となって仏になるべきなり。何《いか》にとしても仏の種《しゅ》は法華経より外《ほか》になきなり」（御書一三一六ページ）

と仰せであります。

「毒鼓の縁」とは、皆様には既《すで》に御存じの通り、太鼓《たいこ》に毒薬を塗《ぬ》り、これを大衆のなかで打つと、その音は聞こうとしない者の耳にも届き、聞いた者は皆、死ぬと言われております。これは、法を聞こうとせず反対した者でも、やがて法を耳にしたことが縁となって成仏得道できることを、毒鼓を打つことに譬《たと》えているのであります。

すなわち、一切衆生《しゅじょう》には皆、仏性《ぶっしょう》が具《そな》わっており、正法《しょうぼう》を聞いたことが縁となって成仏できるのであります。したがって、たとえ初めは耳を塞《ふさ》ぎ、かたくなに反対した人でも、慈悲の心をもって根気よく折伏《しゃくぶく》を続けていけば、やがて聞く耳を持ち、必ず救済することができるのでありますから、折伏は諦《あきら》めず、粘《ねば》り強く続けていくことが大事なのであります。

〔九月度広布唱題会・令和四年十月号23ジペー〕

㉛ 確信と勇気と慈悲の心

折伏《しゃくぶく》に当たって大事なことは、大御本尊様への絶対の確信と、何ものにも恐れない勇気と、相手を思う慈悲の心であります。

しこうして、この確信と勇気と慈悲の心は、大御本尊様への絶対信から生まれてくるのでありますから、折伏に当たっては、まずしっかりと唱題に励み、その功徳《くどく》と歓喜をもって折伏に打って出ることが肝要《かんよう》であります。

『法華《ほっけ》初心成仏抄《じょうぶつしょう》』には、

「凡《およ》そ妙法蓮華経とは、我等衆生《われらしゅじょう》の仏性《ぶっしょう》と梵王《ぼんのう》・帝釈《たいしゃく》等の仏性と舎利《しゃり》弗《ほつ》・目連等の仏性と文殊《もんじゅ》・弥勒《みろく》等の仏性と、三世諸仏の解《さと》りの妙法と、一体不二《ふに》なる理を妙法蓮華経と名づけたるなり。故に一度《ひとたび》妙法蓮華経と唱ふれば、一切の仏・一切の法・一切の菩薩《ぼさつ》・一切の声聞《しょうもん》・一切の梵王・帝釈・閻魔《えんま》法王・日月《にちがつ》・衆星《しゅせい》・天神・地神・乃至地獄《ないしじごく》・餓鬼《がき》・畜《ちく》生《しょう》・修羅・人天・一切衆生の心中の仏性を唯《ただ》一音に喚《よ》び顕《あら》はし奉る功徳無量無辺なり」（御書一三二〇㌻）

と仰せであります。

すなわち、妙法蓮華経とは、人・天・二乗・菩薩等のあらゆる境界《きょうがい》の衆生が具《そな》えている仏性と、三世諸仏の悟《さと》りの仏性とが、一体不二なる理に名づけたものでありまして、故にひとたび妙法蓮華経と唱えれば、心中の仏性が呼び顕され、成仏することができると仰せられているのであります。

されば、私どもはこの御金言《きんげん》を拝し、今こそ一切衆生救済の秘法たる妙法を一人でも多くの人に、また一日も早く、一天四海・皆帰《かいき》妙法を目指し、講中一結・異体同心して身軽法重《しんきょうほうじゅう》・死身弘法《ししんぐほう》の御聖訓《せいくん》のままに決然として折伏に励まれますよう心から願い、本日の挨拶といたします。

〔九月度広布唱題会・令和四年十月号24㌻〕

総本山第六十八世御法主日如上人猊下

御指南集 三十一

令和４年12月15日　初版発行

編集・発行／株式会社 大 日 蓮 出 版
静岡県富士宮市上条546番地の1
印　　刷／株式会社 きうちいんさつ

ISBN978-4-910458-13-7